Faculté de Droit de Paris.

THÈSE

POUR LA LICENCE

L'Acte public sur les matières ci-après sera soutenu,

le mercredi 18 avril 1855, à midi,

Par GEORGES BRENIER, né à Paris le 20 février 1833.

Président : **M. ROYER-COLLARD**, Professeur.

Suffragants :
- **MM. BRAVARD,**
- **COLMET D'AAGE** — Professeurs.
- **DE VALROGER,**
- **ROUSTAIN,** — Suppléant.

Le Candidat répondra en outre aux questions qui lui seront faites
sur les autres matières de l'enseignement.

PARIS

IMPRIMERIE DE GUIRAUDET ET JOUAUST

RUE SAINT-HONORÉ, 338.

—

1855

A mon Père

JUS ROMANUM

———◦◦◦◦◦———

COMMODATI VEL CONTRA (*Dig.*, l. XIII, t. 6).

Commodatum est contractus bonæ fidei, re constans, quo res alteri gratis ad certum tempus et modum utenda traditur, ea lege ut, finito tempore vel usu, restituatur in specie.

In hac optima Voetii definitione omnem materiæ notitiam inveniemus.

Quid igitur sit contractus, quid inter contractum et pactum discrimen, quantam pactorum varietatem, in hoc loco recordemur.

Itaque pactum in continenti adjectum ad augendam obligationem valet, utputa si commodatarius omne periculum suscipit. Similiter respondendum est de pacto quod ex intervallo appellatur, etiam si aliquid detrahit obligationi, utputa si commodotarius dolum solum se præstaturum promittit. — Bonæ fidei actionem contractus noster parit. Bonæ autem fidei actio illa est qua judex, ut inter bonos agi oportet, quod æquius melius denuntiat ; arbitrium facit, non judicium. Verum enim vero doli exceptionem semper in arbitrio contineri, quodque consuetudinis aut compensationis est a judice spectandum, satis superque cognoscimus. Hinc illa Tullii vox : Quid est in judicio ? Directum, asperum, simplex. Quid in arbitrio ? Mite, moderatum.

Quæ ex contractu nascuntur obligationes in quatuor species deducuntur : re, verbis, litteris, consensu. Re commodatum contrahitur, id est traditione. Si res non tradita, non contractum, sed nudum pactum esse, libro tertio Institutionum Justinianus ait.

Res, qualescumque sint, corporales aut incorporales, soli vel non soli commodari possunt. Illæ etiam res quæ usu consumuntur commodari possunt si ad pompam tantum et ostentationem accipiuntur. Rei autem et possessionem et proprietatem retinemus : nemo enim commodando rem facit ejus cui commodat ; naturalis tantum possessio seu detentio et usus ad eum qui commodatum accipit transfertur. Inde eum qui dominium non habet, utputa fructuarium, commodare posse sequitur. Nihil refert an sciat aut nesciat. Furi enim commodati actionem dat lex 169.

Nulla est commodato merces; quod si merces promittatur, locatio conductio, non commodatum, contrahitur; ex locato conducto si nummis, prescriptis verbis si qualibet alia re agat is qui rem tradidit, non commodati.

Inde duæ obligationes : altera commodantis, altera commodatarii. Qui commodavit rei usum intempestive auferre non potest nisi necessitate coactus ; qui commodatum accepit re uti non debet post tempus et finem. Quod si contra rei naturam aut post tempus re utatur. furti tenetur.

Rem ipsam que commodata est, non aliam, restitui necesse est. Unde diligentissimæ custodiæ onus commodatario imponitur. Culpa igitur in abstracto tenetur, quod æquissimum est quia beneficium accepit. De cætero dolo malo tantum teneri commodatarium notandum est, dummodo ita pactum sit vel commodantis gratia res tradatur.

Ex his omnibus legis regulis patet commodatum a precario tempore, a locatione et antichresi pretio, ab usufructu voluntatum consensu, a mutuo autem dominii translatione, distare.

Directam commodatum actionem parit, quam commodati appellaverunt. —Non adversus tantum unum sed etiam adversus duos; non eum tantum qui sui juris est, sed etiam filium familias et servum et liberum hominem qui bona fide servit; non commodatarium tantum, sed etiam hæredem, pro sua parte hæc actio dabitur. Pupillum autem qui commodatum accepit, etiam locupletiorem commodato factum, actione non teneri omnibus de tutoris auctoritate regulis consonat. Nullum igitur commodanti auxilium est nisi ad exhibendum actio; postea res exhibita vindicabitur.

Ad rem restituendam actio datur. Quid autem restituetur ? Res ipsa et id quod sequitur. Quod si fortuito casu, nulla commodatarii culpa, res periat, commodanti perit. Hic de culpa et fatali damno quærendum est; hic exempla a Gaio et Ulpiano et Labeone data ponderanda sunt. Res integra restituenda est, non deterior. Proprie enim dicitur res non reddita quæ deterior redditur. Quod si duæ res commodatæ sint, recte de altera actio dabitur, dummodo separatæ sint.

In hac actione, ut in cæteris bonæ fidei judiciis, similiter in litem jurabitur, et rei judicatæ tempus quanti res sit observabitur, non litis contestatæ tempus, ut in stricti juris judiciis.

Contraria commodati actio commodatario adversus commodatorem competit. Ex pluribus causis datur : veluti si usus a commodatore prohibeatur, si majores impensas rei commodatæ causa commodatarius faciat, denique si rei noto non prædicto vitio damnum patiatur. Utilis commodati actio, non furti, datur illi qui, commodato accepto, postea perdito, pretium commodanti restituit, si rem a commodante subreptam fuisse comperiatur.

In primis notandum est contrariam commodati actionem etiam sine principali moveri posse.

DE PRECARIO (*Dig.* XLIII, t. 26).

« Precarium est, Ulpianus ait, quod precibus petenti utendum conceditur tamdiu quamdiu is qui concessit patitur. »

Magis ad donationes et beneficii causam quam ad negotii contracti spectat. A donatione autem in eo distat quod is qui donat sic dat ne recipiat, qui autem precarium concedit rem ad primum suæ voluntatis nutum redituram concedit; a comodato in eo quod ante conventum tempus rem recuperare non potest is qui commodat, possessionemque retinet, dum is qui precario concedit rem concessam, dum velit, recipit, possessionemque amittit.

Quod igitur in precario capitale non tam rogantis preces quam concedentis patientiam cum perpetuo revocandi jure esse censemus. Est enim precarium, Paulus ait, sine epistola vel quacumque alia precandi ratione.

Quæ res concedi possint quæsitæ sunt. Responsum est simile quod de commodato supra dedimus. Itaque omnes qui possident precario concedere posse, etiam creditores suis debitoribus rem sibi pignori datam, apparet. Quin imo, quod nec proprietate nec possessione tenemus recte concedimus, utputa si ab amico rem rogamus ut eam Tertio precario concedamus. Nostrum est, in hoc casu, precarii interdictum, dum rei dominus nullam in Tertium, et mandati tantum in me, actionem habet. Dominum rem suam precario possidere posse manifestum est cum vera possessio ad alium, velut creditorem, translata est.

Non solum precario tenenti, sed etiam suis, rei usus acquiritur; non solum concedentis possessio, sed etiam propria quædam, quam *uti possidetis* interdicto adversus omnes, excepto eo quem rogavit, defendere potest, qua autem ad usucapionem uti non licet.

Non actio, quia juris civilis contractus non est, sed interdictum, e precario nascitur restitutorium, nullaque præscriptione exstinctum. Est etiam *præscriptis verbis* actio, quia restituendi princeps in precario obligatio est, quæ re nata est; unde precarium inter innominatos contractus esse plurimi arbitrati sunt. — Sed ad interdictum, tempore et usu prius, revertamur.

Ad rem restituendam cum omnibus rei fructibus tendit. Cum rei persecutionem contineat, non solum concedenti, sed concedentis hæredi, competit. Nullius momenti est rem per dominum, aut procuratorem, aut servum, concessam fuisse. Hoc interdicto tenetur is qui precarium rogavit, sive ipse rogaverit, sive illi qui in ejus potestate sunt; sive possideat, sive hæres ejus, cum quasi tacita novi precarii voluntate res ab hærede possessa est. Rogantis autem morte precarium cessare, quia precarium est liberalitas et beneficium intuitu personæ concessum, notandum est. Nihilominus hæres interdicto tenetur, quia possidet ; idem responsum de pupillo qui sine tutoris auctoritate rogavit.

Ante interdictum, is qui precario tenet dolum tantum præstare debet; post autem interdictum, culpam levissimam, quia mora urgetur. In eo commodato dissimile precarium, quod asperum mihi videtur, dum beneficium sit. Rem avocandi is qui precario concedit jus habebat, inde summum de culpa possidentis jus.

Quibus ex causis precarii interdictum cesset quærendum est. Si de restituendo cautio stipulata est, evanescit. Quod si rem a se pignori datam precario debitor possideat, debitumque solvat, interdictum, haud secus ac pignoris jus, cessat. Quod si rei dominium ad alium transferatur, quasi tacita novi domini voluntate continuetur. Rogantis morte, sed non concedentis, precarium non exstingui manifestum est, nisi *quoad vellet* clausula precario addita fuerit.

Prætor ait : « Quod precario ab illo habes , aut dolo malo fecisti ut desineres habere, qua de re agitur ut restituas. » Pacti conventi exceptione non repellitur quia dies inutiliter restitutionis adjicitur. Perpetuum et restitutorium esse supra diximus.

POSITIONES.

I. Non inter se pugnant lex L, § 2, et lex III, pr.

II. Jus retentionis commodatarius habet pro impensis in rem commodatam factis.

III. Si prædo cum domino concurrat, actionem commodati perdit.

IV. Precarii interdictum præscriptis verbis actione antiquius est.

V. Si precarium rogantis hæres in possessione permanet, non vindicationi, sed interdicto, locus est.

VI. Is tantum possidet qui precarium rogavit.

DROIT FRANÇAIS

Code Napoléon, art. 1708-1778, 1874-1914.

Le louage, le prêt : tel est le sujet de cette thèse; plus spécialement : le louage des choses, c'est-à-dire les art. 1708-1778, et le prêt considéré sous ses trois aspects différents : le commodat, le simple prêt, le prêt à intérêt, 1874-1914.

Tâchons d'abord de résumer l'histoire de ces contrats.

Elle ne commence qu'avec celle des peuples civilisés. Les peuples nomades sont propriétaires de leurs tentes et de leurs troupeaux : ils ne les louent ni ne les prêtent.

Les sociétés grecque et romaine se forment. Le louage et le prêt sont mêlés à leur existence, le bail à ferme par suite de la constitution aristocratique de la propriété à Athènes et à Rome, le louage d'ouvrage par suite de l'esclavage, le prêt par suite de l'usure.

Aux civilisations antiques succèdent les sociétés du moyen âge et des temps modernes. Le bail à ferme se transforme ; il devient un des ressorts de la féodalité, et, se pliant aux besoins de cette nouvelle organisation sociale et politique, il enfante mille contrats divers qui préparent l'affranchissement des serfs en 1789. Le louage d'ouvrage traverse les vicissitudes qui accompagnent la formation des corporations et des métiers du XIIe au XVIe siècles. Enfin le prêt devient un sujet de thèse pour les théologiens, et le commerce de l'argent presque une nationalité pour deux peuples dispersés : les Lombards et les Juifs.

Dans le présent trois grands faits sont sortis de ces trois petits contrats : le morcellement de la propriété, du bail à ferme; du louage d'ouvrage, le prolétariat; du prêt, le crédit.

Telle est la place qu'occupent dans l'histoire le louage et le prêt. Elle est grande, elle atteste leur importance.

Aussi toutes les législations, depuis les premiers traités des jurisprudents romains jusqu'au Code Napoléon, en ont-elles soigneusement formulé les règles.

3

Ce sont ces règles que nous allons étudier au titre VIII, intitulé : *Du contrat de louage*.

Le louage est un contrat. Lui appliquant les art. 1101 et suivants, disons que c'est un contrat consensuel synallagmatique — commutatif — à titre onéreux ; ajoutons que pour les conditions relatives au consentement, à la capacité des parties, à l'objet, à la cause, à l'interprétation du contrat, il faudra se référer aux principes généraux du titre III toutes les fois que nous ne trouverons pas dans le titre VIII de disposition spéciale.

Cujas avait dit : « *Locatio conductio est nuda conventio fruendi faciendive aliquid pro certa mercede.* »

Le Code, gâtant cette belle définition, divise le louage en :

1° Louage des choses, défini par l'art. 1709 « *un contrat par lequel l'une des parties s'oblige à faire jouir l'autre d'une chose pendant un certain temps, moyennant un certain prix que celui-ci s'oblige à lui payer,* » subdivisé par l'art. 1711 en louage des maisons (*bail à loyer*), louage des biens ruraux (*bail à ferme*), louage des troupeaux (*bail à cheptel*) ;

2° Louage d'ouvrage, défini par l'art. 1710 « *un contrat par lequel l'une des parties s'oblige à faire quelque chose pour l'autre, moyennant un prix convenu entre elles,* » subdivisé par l'art. 1779 en louage *des gens de service*, louage des *voituriers par terre et par eau*, louage des *entrepreneurs sur devis et marchés*.

Le louage est donc encore un contrat essentiellement multiple : il a dans la loi dix aspects différents ; dans la pratique il prend les mille formes que lui donnent la volonté des parties et les nécessités locales ; mais on le reconnaîtra partout à ce signe, qu'il engendre toujours chez le locateur l'obligation de faire, jamais celle de donner.

Là est la différence profonde qui sépare le louage de la vente. Comme à la vente il faut au louage ces trois éléments : *res, pretium, consensus*. Mais ici *res*, c'est-à-dire la chose promise, c'est non pas la transmission de la propriété, mais seulement l'obligation de faire temporairement jouir le locataire ou d'une chose corporelle, un champ, une maison, ou de cette chose incorporelle qu'on appelle le travail.

De là aussi ce principe de notre législation, que la durée des plus longs baux ne peut dépasser 99 ans ; de là l'art. 1780, qui interdit de louer ses services autrement qu'à temps et pour une entreprise déterminée.

Mais si le contrat de louage n'est pas, comme la vente, la transmission de la propriété, n'est-ce pas, comme la constitution d'usufruit, la transmission d'un de ses démembrements ?

Comparons le louage et l'usufruit.

Dissemblance dans les causes, dans la durée ; dissemblance absolue dans les effets. Le propriétaire doit *laisser jouir* l'usufruitier ; le bailleur doit *faire jouir* le preneur. Il y a un monde entre ces deux idées, entre l'art. 578 et l'art. 1709.

Là le propriétaire livrant la chose telle qu'elle se trouve, ici le bailleur tenu de la livrer en bon état ; là le propriétaire dispensé de faire aucune espèce de réparations, ici le bailleur obligé de faire non seulement celles d'entretien, mais même les locatives dans certains cas ; là le propriétaire recevant intégralement son prix dans le cas où la chose périt, ici le bailleur soumis à une réduction proportionnelle au temps qui reste à courir ; là le propriétaire soumis au danger de la prescription s'il n'était pas le véritable *dominus* de la chose, ici le bailleur sauvegardé par le titre précaire de preneur. En un mot, d'un côté *droit réel*, c'est-à-dire rapport direct de personne à chose, droit absolu, opposable à tous, de l'usufruitier sur la chose donnée en usufruit, absence totale d'obligation entre le propriétaire et l'usufruitier, si ce n'est l'obligation générale de laisser jouir, qui est imposée au premier au même titre qu'à tout le monde ; de l'autre côté droit *personnel*, c'est-à-dire rapport de personne à personne, créance du bailleur contre le preneur, la propriété toujours mêlée par ses obligations mêmes aux actes de la jouissance.

La distance est donc énorme de l'usufruit au louage. Il est cependant un système qui, sans assimiler les uns avec les autres, les qualifie tous deux de droits réels. Nous achèverons de le réfuter sous l'art. 1743.

Ces considérations étaient la préface nécessaire du chapitre II, intitulé :

DU LOUAGE DES CHOSES.

On peut louer, dit l'art. 1713, toutes sortes de biens meubles et immeubles. Apportons à la généralité de cet article les restrictions que nous trouvons dans les art. 631 et 634, qui interdisent le louage des droits d'usage et d'habitation. Rappelons-nous que les servitudes ne peuvent être louées séparément du fonds dominant, et que l'art. 1712 renvoie aux règlements particuliers pour le louage des biens appartenant à l'État, aux communes et aux établissements publics.

Les choses dont le louage a lieu le plus fréquemment sont les fonds de terre et les maisons. La loi a donc tracé des règles particulières pour les baux à ferme et les baux à loyer : les unes leur sont communes, les autres spéciales. De là trois sections dans le chapitre II.

Section Iʳᵉ.

Des règles communes aux baux des maisons et des biens ruraux.

La première question à nous poser est celle-ci : Qui peut être partie dans le contrat de louage?

La réponse est dans l'art. 1123 et dans l'art. 1124. Les mineurs non émancipés, les interdits, les femmes mariées sous le régime de la communauté, ne peuvent passer bail ni comme bailleurs, ni comme preneurs.

Remarquons ici que la capacité de louer est en relation avec la capacité générale d'aliéner, non pas en ce sens que, pour pouvoir louer une chose, il faille toujours pouvoir l'aliéner, mais en ce sens que la capacité de louer diminue à mesure que le droit de propriété diminue. Entière entre les mains du propriétaire qui peut aliéner, elle est restreinte dans les limites d'une durée de neuf ans quand ce propriétaire n'a sur ses biens qu'un droit d'administration, comme le mineur émancipé ou la femme séparée de biens; elle est assujettie en outre à la nécessité de ne renouveler les baux que deux ou trois ans à l'avance, quand elle appartient à une personne qui a l'administration sans avoir la propriété, comme le tuteur, le mari, l'usufruitier. Enfin le propriétaire peut louer pour l'usage qui lui convient, tandis que le mari, le tuteur, l'usufruitier, ne peuvent louer que pour l'usage ordinaire de la chose.

Nous savons maintenant quelles peuvent être les parties dans un contrat de louage. Comment procèderont-elles?

Le louage, comme la vente, est parfait par le seul consentement; il peut, par conséquent, être fait verbalement ou par écrit. Dans tous les cas, l'écrit n'intervient que comme preuve; mais comme, dans le cas d'un procès, c'est la seule admise, l'écrit a ici une importance extrême.

L'écrit peut être authentique ou sous seing privé.

Nous venons de dire qu'en matière de louage, l'écrit est d'une haute importance. En effet, le législateur, contrairement aux principes généraux, et frappé des inconvénients de la preuve testimoniale en cette matière, déjà trop féconde en procès, déclare que l'existence du bail ne pourra jamais être prouvée par témoins, quelque modique qu'en soit le prix, et quoiqu'on allègue qu'il y a eu arrhes données. Il ne resterait donc aux parties que la ressource du serment décisoire, si l'art. 1715 ne donnait pas au juge le droit de déférer le serment supplétoire à la partie qui nie le bail.

L'art. 1715 se place dans l'hypothèse où le bail verbal n'a pas reçu un commencement d'exécution. Disons donc que, s'il a reçu une exécution quelconque, la preuve par témoins sera admise ; de même si le titre écrit était perdu par suite de force majeure. Quant à la question de savoir si la preuve testimoniale devrait être admise dans le cas où il y aurait commencement de preuve par écrit, nous pensons que oui : car, l'art. 1715 étant exceptionnel, il faut rentrer dans le droit commun toutes les fois que ses termes ne sont pas parfaitement applicables à l'hypothèse où l'on se place.

Voilà ce que le Code décide à l'égard des contestations sur l'existence même du bail. L'art. 1716 en prévoit d'autres ; celles-là portent sur le prix. Ici encore la preuve testimoniale est rejetée dans tous les cas, et remplacée cette fois ou par le serment du propriétaire, ou par une expertise, que le locataire a le droit de demander en tout état de cause, mais dont il supporte les frais si l'estimation excède le prix par lui déclaré. Les termes de l'article sont généraux ; quelque minime que soit l'excédant, les frais seront donc supportés par le locataire. On peut dire : *Summum jus summa injuria.*

Le consentement mutuel des parties a formé le contrat ; un écrit a été dressé pour en constituer la preuve. Le preneur peut tirer partie de ce contrat de deux manières, ou par un tiers ou par lui-même.

Par un tiers : il peut sous-louer ou même céder son bail à un autre (1716), si cette faculté ne lui a été interdite ou par une défense expresse de la loi, comme dans le cas de colonat (1763), ou par une clause émanée de la volonté du bailleur, clause qui est toujours de rigueur. Dans l'ancien droit, au contraire, la pratique laissait au preneur forcé de quitter la maison ou la ferme la faculté de présenter à son bailleur un autre preneur, et cette tolérance a passé dans le nouveau, en ce sens que, d'après l'art. 2102, les créanciers du preneur saisi peuvent relouer la maison ou la ferme pour tout le temps qui reste à courir avant la fin du bail.

Le preneur peut deux choses, dit l'art. 1716, ou sous-louer, ou céder son bail, c'est-à-dire ou louer une partie seulement de la chose et conserver l'autre, ou céder son bail, c'est-à-dire la louer en totalité.

Ce sens n'est pas adopté par tout le monde. Dans un système nouveau, le mot *sous-louer* exprime la faculté accordée au preneur de *louer, en tout ou en partie*, la chose louée ; le mot *céder son bail*, la faculté de *vendre* en tout ou en partie ses droits de preneur. Ce système ne nous semble en harmonie ni avec les habitudes de la langue, ni avec celles de la pratique ; nous ne l'adopterons donc pas, et nous dirons que dans, tous les cas, le premier preneur joue le rôle de bailleur vis-à-vis du locataire, soit qu'il cède, soit qu'il sous loue son bail : c'est-à-dire qu'il a, comme le

4

bailleur primitif, le privilége de l'art. 2102; que, comme lui, il est tenu de livrer la chose en bon état, d'indemniser même le sous-locataire si un cas fortuit enlève plus de la moitié de la récolte, et que lui seul conserve une action contre le propriétaire.

Mais, dans la plupart des cas, il ne cédera ni sous-louera son bail. Il exploitera par lui-même la chose louée, et alors il exigera du bailleur l'exécution des obligations que les art. 1719-1727 imposent à ce dernier.

Nous avons déjà dit que le bailleur est tenu *de faire jouir* le preneur. De cette obligation principale découlent toutes les autres.

Il doit :

I. *Délivrer la chose*, — C'est-à-dire la mettre en la puissance et possession du preneur, la lui délivrer en bon état de réparations de toute espèce, même locatives. Conséquence : Le bailleur doit garantie au preneur pour tous les vices, connus ou non, de la chose louée, et l'indemniser s'il y a lieu. Il est donc traité plus durement que le vendeur, qui, dans le cas où il ignorait les vices, doit bien la restitution du prix, mais non des dommages-intérêts.

II. *Entretenir cette chose en état de servir à l'usage pour lequel elle a été louée,* — C'est-à-dire y faire, pendant la durée du bail, toutes les réparations nécessaires, même les locatives, si elles sont nécessitées par vétusté ou force majeure, et ce au risque de perdre une partie de son prix si ces réparations durent plus de quarante jours, — de voir résilier le bail si elles rendent inhabitable la chose louée, — subir la résiliation s'il survient à la chose des vices qui la rendent impropre à l'usage convenu, ou si la chose périt en totalité par cas fortuit, — accepter une diminution de prix si elle périt en partie.

III. *En faire jouir paisiblement le preneur pendant la durée du bail,* — C'est-à-dire s'abstenir d'y faire les réparations utiles dont il résulterait incommodité pour le preneur et de changer la forme de la chose louée ; — payer l'impôt foncier ; — garantir au preneur les troubles de droit apportés à sa jouissance par suite d'une action concernant la propriété même du fonds, et par conséquent — diminuer le prix du bail, ou même, suivant les circonstances, en subir la résiliation, s'il succombe dans cette action. Quant aux troubles de fait, l'ancien droit les mettait même à sa charge.

Telles sont les obligations du bailleur. Passons à celles du preneur. Elles se réduisent à deux principales.

Il doit :

I. Payer le prix aux termes convenus, sous peine de voir le bail résilié ; obligation dont la sanction est le privilége accordé par l'art. 2102 au propriétaire.

II. *User de la chose en bon père de famille et suivant sa destination,* — C'est-à-dire conserver la chose telle qu'il l'a reçue, sauf les dégradations provenant de son emploi même, obligation tempérée par le droit qu'a toujours le preneur de faire dresser un état des lieux avant son entrée en jouissance, mais qui, dans le cas où il n'y a pas eu d'état des lieux, met à sa charge une présomption de faute et la nécessité de la preuve; répondre à son bailleur non seulement de son fait, mais de celui de ses sous-locataires, domestiques et enfants.

Le principe qui rend, en général, le preneur responsable des pertes arrivées pendant sa jouissance, s'applique particulièrement à l'incendie, duquel on peut dire encore aujourd'hui : *Plerumque incendia fiunt culpa inhabitantium.* La loi romaine condamnait à être battu de verges le locataire négligent. La nôtre, sans être si sévère, se montre ici particulièrement rigoureuse, puisqu'elle impose au locataire l'obligation non seulement de prouver que la chose a péri sans sa faute, ce qui serait conforme aux principes du droit commun, mais de prouver que l'incendie vient d'une de ces quatre causes : cas fortuit, force majeure, vice de construction, communication par une maison voisine ; obligation tellement dure, si le locataire n'a pas encore pris possession ou s'il était notoirement absent, que dans ce cas la pratique y apporte le tempérament de l'art. 1734, destiné pourtant à régler une autre hypothèse, celle où il y a plusieurs locataires. L'obligation d'indemniser le bailleur, étant alors partagée, est moins lourde pour chacun d'eux, car, tout en les déclarant responsables solidairement de l'incendie, la loi les décharge de cette responsabilité s'ils prouvent que l'incendie a commencé dans l'habitation de l'un d'eux, ou qu'il n'a pu commencer chez eux.

Quant à la manière dont cette charge de la solidarité se divisera entre eux, ce sera par égales portions, car la présomption de faute pèse également sur eux tous.

On peut se demander aussi si cette présomption de faute qui existe contre les locataires suffirait pour les rendre responsables envers d'autres que le bailleur, par exemple envers les propriétaires voisins chez lesquels le feu s'est communiqué, ou envers leurs colocataires. Nous répondrons : Non, car l'obligation du locataire n'est si étroite que parceque, devant au bailleur un corps certain, il doit, aux termes de l'art. 1245, le lui rendre en bon état, ou prouver que les détériorations ont eu lieu sans sa faute. Au contraire, dans ses rapports avec tout autre que son bailleur, il peut invoquer le droit commun et exiger de celui qui argue de sa faute qu'il la prouve.

Ces obligations spéciales du preneur au cas d'incendie, justifiées et par le peu d'intérêt qu'il a souvent à la conservation de la chose, et par la nécessité de donner un contrepoids équitable aux obligations correspondantes du bailleur, se rapportent toutes, en définitive, à son obligation générale de conserver la chose. Il en est de même de celles qui résultent, pour le preneur, des art. 1726 et 1727, que nous avons déjà examinés sous le rapport des droits qu'ils lui conféraient. Ces droits ne peuvent être exercés qu'à certaines conditions.

Ainsi l'art. 1726 lui donne le droit de demander au bailleur la diminution du loyer, sa résiliation, et même des dommages-intérêts s'il est troublé dans sa jouissance par une action concernant la propriété de la chose louée; mais ce droit est subordonné par ce même article à l'obligation de dénoncer le trouble au propriétaire. Il doit le faire dans un délai très court, celui de l'assignation. Enfin il faut appliquer au louage l'art. 1640 du titre *De la vente*, et décider que, si le bailleur à qui le trouble n'a pas été dénoncé prouve qu'il avait, s'il eût été averti à temps, des moyens de le faire cesser, le preneur n'a droit à aucune garantie. De plus, comme l'usufruitier, il sera responsable de tout le dommage que peut causer au propriétaire le défaut de dénonciation. Disons cependant que, si le preneur établissait que malgré son silence le bailleur, informé du trouble, en a obtenu réparation et s'est fait adjuger des dommages-intérêts, non seulement il n'en devrait pas au bailleur, mais il pourrait participer à ceux fournis par l'auteur du trouble.

Du reste le preneur, n'ayant qu'une simple créance contre le bailleur, sans aucun droit sur la chose donnée, n'a point, comme l'acheteur, qualité pour plaider sur une question concernant la propriété. Il doit donc appeler le bailleur en garantie si l'action est à tort dirigée contre lui, et, en nommant le bailleur, être mis hors d'instance, à moins qu'il n'aime mieux y rester pour la conservation de ses droits, par exemple de ceux qu'il tient de l'art. 1166.

Nous avons vu quelles sont les obligations du bailleur, celles du preneur; les articles 1736 et suivants vont nous indiquer à quel moment finissent les unes comme les autres, en un mot comment le bail prend fin.

Entendons-nous bien d'abord sur le sens spécial de ces deux mots : *bail écrit*, *bail verbal*, dans les articles qui vont nous occuper.

Le bail *écrit* est celui qui a été fait pour un certain temps à l'expiration duquel il doit finir de plein droit; peu importe qu'il soit verbal ou constaté par écrit.

Le bail *non écrit* est celui qui, verbal ou non, a été fait sans le limiter à un certain temps à partir duquel il doive finir de plein droit.

Ceci dit, y a-t-il bail non écrit ? Les parties sont censées l'avoir fait pour durer jusqu'au moment où l'une d'elles manifestera la volonté de le résoudre. Cette volonté se formule par un congé qui peut être écrit ou verbal, mais doit toujours être donné à l'avance, suivant l'usage des lieux. Ajoutons que, s'il est verbal, il ne peut jamais être prouvé par témoins.

Remarquons aussi que cet article est spécial aux baux à loyer. En effet, dans le cas d'un bail à ferme non écrit, l'art. 1774 présume que la volonté des parties a été de le faire durer tout le temps qui est nécessaire pour que le preneur recueille tous les fruits de l'héritage affermé, qu'il soit ou non divisé en soles, et l'art. 1775 le fait en conséquence cesser de plein droit après ce temps. Revenons à l'art. 1737.

Y a-t-il bail écrit? Le bail cesse de plein droit à l'époque fixée par la volonté expresse des parties.

Mais, quoique le bail par écrit cesse de plein droit, et que dès lors la chose ne puisse plus être louée au même preneur que par l'effet d'un nouveau consentement, il n'est cependant pas nécessaire que ce consentement soit exprès. La continuation de possession de la part du preneur et la tolérance du bailleur sont considérées comme une manifestation suffisante de leur volonté commune de faire un nouveau bail aux mêmes conditions, sauf celles relatives : 1° à la durée, qui sera celle des baux sans écrit ; 2° aux garanties de cautionnement et d'hypothèque, qui ne s'étendront pas au nouveau bail tacitement contracté.

Cette convention présumée des parties, cette *tacite reconduction*, ne peut, bien entendu, avoir lieu s'il y a eu congé donné par le bailleur. Le congé, qui, en matière de bail indéterminé quant à sa durée, a pour objet et pour résultat de faire cesser le bail, et doit par conséquent être donné d'avance, n'ayant pour objet, en matière de bail déterminé, que d'empêcher la tacite reconduction, peut, dans ce cas, être donné après la cessation du bail.

Nous venons de voir comment le bail finit par la volonté expresse ou présumée des parties.

Il finit aussi :

Par la perte de la chose : le contrat n'a plus de cause ;

Par l'inexécution des engagements convenus : c'est l'application du grand principe de l'art. 1184 à la matière du louage ;

Par l'annulation du droit de propriété du bailleur : nous en avons vu un exemple dans l'art. 1726.

Mais si ce droit de propriété, sans être annulé, passe sur la tête d'une autre personne que le bailleur, quel sera le sort du bail?

Cette personne peut être ou un successeur à titre universel, un héritier ; ou un successeur à titre particulier, un légataire, un donataire, un acheteur.

Est-elle un successeur universel, le bail subsiste, car, en règle générale, on est toujours censé stipuler pour soi et pour ses héritiers, et le contrat de louage n'est pas de ceux qui sont faits principalement *intuitu personæ*. La mort du preneur, pas plus que celle du bailleur, ne résoudra donc le bail (1742).

Est-elle, au contraire, un successeur particulier, il semble que le droit du

preneur, n'étant, nous l'avons déjà démontré, qu'un pur droit personnel, ne pourra plus s'exercer : car il est de principe que les successeurs particuliers ne sont jamais tenus des obligations contractées par leurs auteurs. Telle était, en effet, la solution que dans l'ancien droit la célèbre loi *Emptorem* donnait à la question ; mais aujourd'hui il faut renverser la maxime romaine, et dire : *Successor particularis tenetur stare colono.*

Il importe de bien étudier la portée de cet art. 1743 : il est capital dans la matière du louage.

«Si le bailleur, dit-il, vend la chose louée, l'acquéreur ne peut *expulser* le preneur qui a un bail authentique ou dont la date est certaine, à moins qu'il (le bailleur) ne se soit réservé ce droit par le contrat de bail. »

On veut que cet article fasse du droit du preneur un droit réel immobilier. Nous ne pensons pas qu'il en soit ainsi.

Pour le démontrer, nous nous appuierons sur la loi du 28 septembre 1791, qui donnait à l'acquéreur le droit d'exiger la résiliation, mais en le soumettant à l'obligation d'un *congé*, ce qui entraîne bien l'idée d'une possession de la part du preneur ; sur le texte même de l'art. 1743, qui par ce mot *expulser* limite aussi le droit du preneur au maintien du bail au seul cas où il occupe la chose louée ; sur la comparaison de cet article : 1° avec l'art. 1709, qu'il contredirait tout entier, s'il fallait l'entendre comme donnant au droit du preneur le caractère de droit réel immobilier ; 2° avec l'art. 1673, qui, dans l'hypothèse d'une vente faite à réméré, impose au vendeur, lorsqu'il exerce son droit de rachat, l'obligation de respecter les baux faits sans fraude par son acquéreur, et le dispense, au contraire, de respecter les hypothèques et autres charges immobilières, ce qui serait absurde si les uns et les autres étaient d'une nature identique. Conclusion : le but du législateur, dans l'art. 1743, a été d'introduire dans le Code, comme dans la loi de 1791, une disposition favorable aux intérêts généraux de l'industrie et de l'agriculture. — Pour cela, il a imposé à l'acquéreur, en ce cas particulier, une sorte de subrogation légale dans les obligations personnelles de son vendeur (subrogation que le contrat, ou le quasi-contrat, peuvent, à défaut de la loi, parfaitement expliquer) ; mais il n'a pas pu vouloir renverser toute la théorie des droits réels et personnels par la création de ce droit étrange, qui, tout en étant réel et immobilier, ne pourrait pas être hypothéqué.

Après cela, il ne m'est pas difficile d'avouer que la tendance du législateur est évidemment d'adoucir la rigueur du droit d'expulsion, quand l'acquéreur peut, en vertu d'une clause spéciale du bail, l'exercer. Cette expulsion ne sera ni gratuite ni brusque. De là obligation pour le bailleur de payer au preneur une indemnité fixée ou par la volonté des parties, ou, à défaut de convention, par la loi ; calculée, dans ce cas, sur la privation et le dommage plus ou moins grands que la résilia-tiondu bail va faire éprouver au preneur, suivant qu'il s'agira d'une maison ou d'un bien rural. De là, obligation pour l'acquéreur d'avertir le preneur qu'il veut user de son droit d'expulsion, et ce à l'époque usitée pour les congés dans le cas d'un bail de maison, un an d'avance pour le bail à ferme. Il n'est pas non plus difficile de deviner la pensée de l'art. 1751, qui, malgré le principe en vertu duquel l'ache-teur à pacte de rachat jouit, jusqu'à l'exercice du réméré, de tous les droits attachés à sa qualité de propriétaire, ne lui permet pas d'user de la faculté d'expulsion ré-servée par le bail à l'acquéreur, tant que sa propriété n'est pas incommutable.

L'art. 1751 est le dernier de la section Ire. Passons à la seconde, intitulée :

Des règles particulières aux baux à loyer.

Ces règles se rapportent à la sanction des obligations du preneur, à la durée des baux à loyer, à leur résiliation.

La principale obligation du preneur est celle de payer son prix. Il lui faut une sanction : cette sanction est dans le droit qu'a le bailleur de faire saisir ses meubles, et ce sans titre (819 C. de proc.), d'exercer sur leur prix le privilége de l'art. 2102, vendiquer s'ils sont détournés frauduleusement.

Le preneur doit donc garnir la maison louée de meubles suffisants, ou, s'il ne le fait pas, constituer une hypothèque au profit de son bailleur, ou lui donner toute autre sûreté équivalente.

Telle est la situation du bailleur vis-à-vis du locataire. Vis-à-vis du sous-locataire, elle est la même (820 C. de proc.) ; seulement, tout en ayant une action directe contre lui, il ne l'a que pour le montant de la sous-location, qu'il soit ou non exac-tement proportionné au prix total de la location principale. Le sous-locataire peut aussi opposer au propriétaire les paiements qu'il a faits, pourvu qu'il ne les ait pas faits par anticipation, auquel cas il y aurait présomption de collusion entre lui et le locataire principal. Mais cette présomption peut être détruite par une clause spéciale du bail autorisant les paiements anticipés, ou par l'usage des lieux.

L'art. 1753 a fait naître la question de savoir si le propriétaire a une action directe contre le sous-locataire. Nous pensons qu'oui, car, si ce n'était qu'une action indirecte, l'art. 1753 ferait double emploi avec l'art. 1166.

Nous venons de voir la sanction de la première obligation du bailleur, celle de payer son prix. Passons à la sanction de la seconde, celle de conserver la chose.

Nous y rapportons l'obligation de faire les réparations locatives, c'est-à-dire celles de menu entretien que l'usage des lieux désigne comme telles et don l'art. 1754 donne quelques exemples. Cette obligation cesse quand le locataire prouve que les réparations ont été rendues nécessaires par vétusté ou force majeure.

Les principes généraux sur la durée des baux écrits et non écrits s'appliquent sans difficulté au bail à loyer. Le Code y renvoie donc; seulement il traite incidemment de la durée des baux de meubles fournis pour garnir une maison en tout ou en partie, et la destination même de ces meubles lui fait établir qu'ils sont censés loués pour la durée ordinaire des baux de maisons, suivant l'usage des lieux. Il règle aussi la durée du bail d'un appartement meublé, et décide que l'expression dont se seront servies les parties (à tant par an, par mois, par jour) indique leur intention de faire le bail à l'année, au mois, au jour, le tout suivant l'usage des lieux, c'est-à-dire que la coutume est ici presque entièrement maîtresse.

Nous appliquerons aux baux des appartements meublés, faits à tant par an, par mois, par jour, comme aux baux des biens ruraux, l'art. 1737, et nous dirons qu'ils expirent de plein droit, et sans congé, avec l'an, le mois, le jour.

Un autre principe de la section Ire dont nous voyons l'application dans celle-ci, c'est celui de la *tacite reconduction*. Nous avons suffisamment étudié cette matière.

L'art. 1759 est le développement de l'art. 1741, qui déclare le bail rompu par l'inexécution des engagements du bailleur et du preneur. Si c'est par la faute du locataire qu'a lieu cette résiliation, celui-ci doit toujours payer le prix du bail pendant le temps nécessaire à la relocation, et, en outre, des dommages-intérêts, mais ceux-ci suivant les circonstances. Par temps *nécessaire* à la relocation nous entendons le délai ordinaire des congés.

Enfin les art. 1761 et 1763 abrogent une règle particulière du bail à loyer puisée dans la loi romaine, et tout à fait contraire tant à l'intérêt de l'agriculture et de l'industrie qu'à l'esprit d'égalité qui préside aujourd'hui à toutes nos relations civiles. Le bailleur ne pourra plus, comme autrefois, résoudre la location en déclarant purement et simplement qu'il entend occuper lui-même la maison louée, et, s'il y a une clause particulière qui lui donne ce droit, il ne pourra l'exercer qu'en avertissant son locataire par un congé régulier.

Nous arrivons à la section III, intitulée :

Des règles particulières aux baux à ferme.

Ces règles sont relatives à la faculté de sous-louer, à l'obligation de délivrer la chose louée, aux obligations particulières du fermier et aux cas où il peut obtenir remise sur le prix à l'expiration du bail à ferme.

La règle qui autorise le preneur à sous-louer est commune au fermier et au locataire; l'art. 1763 y fait cependant une exception dans le cas où le bail à ferme prend la forme particulière du colonat, c'est-à-dire dans le cas où le prix, au lieu de consister en argent, consiste dans le partage des fruits perçus. On voit que ce bail est surtout conclu *intuitu personæ* et contient un élément considérable de société. C'est donc la permission de sous-louer qui ici doit être expresse.

Le *colonat* est si bien fait *intuitu personæ* que, si le colon sous-loue, non seulement il doit subir la résiliation de son bail, mais même payer des dommages-intérêts au bailleur.

Nous avons vu que la première obligation du bailleur est de délivrer la chose louée. Pas de difficulté en matière de bail à loyer. En matière de bail à ferme, difficultés possibles, que l'art. 1765 prévient en renvoyant aux règles de la vente. Nous en conclurons que la différence entre la contenance déclarée au bail et celle livrée pourra, suivant les cas, donner lieu soit à une diminution du prix, soit à une augmentation, soit même à la résiliation du bail. Il faudra distinguer, dans tous les cas, entre le louage fait à tant la mesure, où la plus petite différence donne lieu à une réduction ou augmentation proportionnelle du loyer, et le louage fait pour un seul prix, où il n'y a lieu à augmentation et diminution que si la différence est en plus ou en moins de plus d'un vingtième.

Du principe que le preneur est tenu d'user en bon père de famille et suivant la destination de la chose résultent aussi quelques règles particulières aux baux à ferme. La résiliation pourra être prononcée contre le preneur d'un bien rural s'il ne le garnit des bestiaux et ustensiles nécessaires tant à son exploitation qu'à la sûreté du bailleur, s'il abandonne la culture, s'il en change la nature, sans préjudice des dommages-intérêts. Tout cela est la conséquence non seulement des règles posées dans la section Ire, mais du grand principe de l'art. 1184.

Pour conserver au privilége du bailleur son libre exercice, le preneur doit toujours engranger dans les lieux à ce destinés. Pour laisser à la propriété tous les avantages de son droit, il doit de plus, nous l'avons déjà dit, dénoncer au propriétaire les usurpations qui peuvent avoir lieu sur le fonds; sanction : des dommages-intérêts.

Les art. 1769 et suivants expliquent l'étendue de l'art. 1722 en matière de bail à ferme. Ce développement était nécessaire, car c'est dans les exploitations rurales que les cas fortuits sont les plus fréquents et les plus funestes.

Le législateur distingue d'abord entre les baux faits pour plusieurs années et ceux faits pour une seule.

Dans le premier cas, le preneur devant profiter seul des avantages des bonnes récoltes, il est juste qu'il subisse jusqu'à un certain point les risques des mauvaises.
Il ne sera donc indemnisé que si la perte est appréciable, c'est-à-dire de la moitié
au moins d'une récolte; réelle, c'est-à-dire si elle n'est pas compensée par les excédants des récoltes précédentes; liquide (qu'on nous permette ce mot, qui seul
peut rendre notre pensée), c'est-à-dire que l'estimation de la remise sera renvoyée
à la fin du bail. Alors, le résultat général étant connu, on fera compensation de toutes les années de jouissance; seulement, comme une perte accidentelle, même compensée par les excédants précédents, peut mettre le fermier dans l'impossibilité de
payer son prix au terme convenu, le juge peut l'en dispenser provisoirement.

Dans le cas où le bail est d'un an, si la perte est de la totalité, le bailleur n'a
droit à aucune portion du prix, puisqu'il n'a procuré au preneur aucune portion
de la jouissance effective de la chose. Donc remise totale du prix. Si elle est partielle et de plus d'un vingtième, remise proportionnelle; si elle est partielle et de
moins d'un vingtième, aucune remise.

Que la perte soit totale ou partielle, l'action en remise sera prescrite par un an,
comme pour la vente, et de la compétence du juge de paix; et dans l'une comme dans
l'autre hypothèse, bien que la loi ne parle que des *fruits,* de la *récolte,* nous pensons
qu'elle a en vue une seule chose : le préjudice causé au fermier par le cas fortuit.
Si donc ce préjudice n'existe pas, en ce sens que la récolte, bien qu'inférieure
d'un vingtième de la récolte ordinaire, a eu sur le marché une valeur vénale supé-
rieure à son prix ordinaire, pas d'indemnité. De même, si plusieurs récoltes infé-
rieures de moins d'un vingtième à une récolte moyenne ont précédé une récolte
abondante, nous pensons que cette dernière ne pourra compenser une récolte postérieure que défalcation faite de tous les petits déficits des années précédentes. Cette
solution nous semble encore la seule d'accord avec l'esprit de la loi, qui veut donner
une indemnité toutes les fois qu'il y a eu préjudice réel et certain.

Jamais d'indemnité, bien entendu, si la perte arrive après que les fruits sont cou-
pés. Le preneur en devient propriétaire par la perception. Les risques sont donc à
sa charge; d'où il résulte que, s'il n'en est pas seul propriétaire', s'il y a colonat, la
perte, même après la perception, sera supportée également par les deux commu-
nistes, le maître et le colon.

On le voit, la règle générale, en matière de remise, c'est que le fermier ne supporte pas les cas fortuits. Il peut en être chargé par une clause expresse qui ne
comprend d'ailleurs les cas fortuits, extraordinaires, c'est-à-dire les ravages de la
guerre, une inondation, etc., que si le fermier s'est chargé de tous les cas fortuits,
prévus et imprévus.

Cette distinction que notre Code fait à propos de la clause par laquelle le fermier est chargé des cas fortuits était faite dans l'ancien droit pour régler l'indemnité due par le bailleur au fermier. L'art. 1769 ne la reproduit pas.

Il ne nous reste plus à parler que de la durée des baux à ferme.

Ici le bail non écrit ne devait pas, comme dans le cas de bail à loyer, être réglé par l'usage des lieux. Partout, en effet, les parties voudront donner au bail la durée nécessaire pour que le fermier recueille tous les fruits. Au bout de ce temps, qui variera du reste suivant la nature du bien loué, le bail expirera de plein droit et sans congé.

Quant à la tacite reconduction, elle aura lieu en matière de bail à ferme, mais avec les modifications que les art. 1774 et 1775 doivent nécessairement apporter à la durée du nouveau bail.

Enfin, quoique la jouissance du fermier doive être exclusive jusqu'à l'expiration de son bail, et bien que ses obligations ne doivent point se prolonger au delà, l'intérêt de l'agriculture et celui des fermiers veulent qu'ils se prêtent un mutuel secours quand ils se succèdent les uns aux autres, tant pour les travaux de l'année suivante, que le fermier sortant doit faciliter le plus possible, que pour les logements que le fermier entrant doit procurer à son prédécesseur. C'est aussi sans doute dans l'intérêt de l'agriculture que l'art. 1778 donne au propriétaire le droit de retenir sur estimation les pailles et engrais de la dernière année, lors même que le fermier n'en aurait pas reçu à son entrée en jouissance, droit qui ajoute encore un petit argument aux grands arguments que nous avons tirés de l'art. 1743 pour combattre la théorie du droit réel.

Le législateur termine ainsi, par une disposition toute d'exception et de privilége, cette matière du bail à ferme, si féconde déjà en froissements de toute espèce, froissements que l'art. 2062 rendait trop fréquents et trop funestes quand la loi du 16 décembre 1848 est venue interdire au bailleur le droit de stipuler contre son fermier la sûreté extrême de la contrainte par corps.

Ici se termine aussi la première partie de notre travail. Abordons la seconde.

LE PRÊT.

Nous avons déjà dit que le législateur donne cette dénomination à trois contrats parfaitement distincts. La langue juridique des Romains ne s'y était pas trompée comme la nôtre et avait donné à chacun un nom spécial : à notre prêt à usage, le nom de *commodatum ;* à notre prêt de consommation, celui de *mutuum ;* au prêt à intérêt, celui de *fœnus :* le premier, séparé du second par cette différence énorme qu'il ne transfère pas la propriété; le troisième, séparé des deux autres par cette différence qu'il n'est pas gratuit.

Plus exact que la langue, le Code divise la matière en trois chapitres.

Chapitre Ier.

Du prêt à usage

Nous passerons très rapidement sur ce chapitre; ses dispositions sont presque toutes empruntées à la loi romaine.

Des art. 1875, 1876 et 1877, il résulte qu'en droit français, comme en droit romain, le *commodat* est un contrat de *bienfaisance*, puisqu'il est essentiellement gratuit; *réel*, puisqu'il faut la livraison de l'objet pour qu'il se forme; *unilatéral imparfait*, puisque, tout en n'obligeant directement que l'emprunteur, il peut donner lieu *ex post facto* à certaines obligations du prêteur vis-à-vis de son débiteur; que le prêteur demeure propriétaire de la chose prêtée, que par conséquent les risques sont pour lui, sauf stipulation contraire.

De l'art. 1878 il résulte que tout ce qui est dans le commerce peut être l'objet d'un prêt à usage. C'est à dessein que nous n'insistons pas sur la seconde partie de cet article, car il est reconnu qu'il contient une inexactitude très grande en excluant du contrat les choses qui se consomment par l'usage. Disons donc que les choses fongibles peuvent, comme toutes les autres, être prêtées à usage et le sont en effet très fréquemment, et posons en règle que, pour connaître la nature du prêt, savoir s'il est à usage ou de consommation, il faut se demander non si la chose est fongible ou si elle ne l'est pas, mais si la propriété a été ou non transférée, si le prêteur a voulu qu'on lui rendît un corps certain, tel cheval, tel meuble ou une chose *in genere*, un cheval, un meuble.

Le prêt à usage est essentiellement gratuit. Il semblerait donc qu'il ne dût pas passer aux héritiers de l'emprunteur. L'art. 1879 décide le contraire toutes les fois que le prêt n'aura pas été fait évidemment *intuitu personæ*.

Examinons maintenant rapidement les obligations de l'emprunteur et celles du prêteur.

L'obligation capitale de l'emprunteur, c'est de rendre la chose prêtée.

De là plusieurs obligations accessoires. Il doit :

1° User de la chose en bon père de famille, c'est-à-dire l'employer à l'usage déterminé soit par la convention, soit par la nature de la chose, et ne s'en servir que pendant le temps expressément convenu. Sanction de cette obligation : dommages-intérêts qu'il devra non seulement quand cette interversion de l'usage ou cette prolongation du temps auront directement causé la perte ou la diminution de la chose, mais aussi lorsque, pendant cette période, un cas fortuit sera intervenu, et ce malgré la règle qui met les cas fortuits à la charge du propriétaire. Il y a plus : une interprétation sévère de l'art. 1881 exigerait que le cas fortuit fût alors à sa charge, non seulement à partir du jour où, suivant la règle de l'art. 1139, la chose prêtée lui aura été réclamée en justice et où il aura été mis en demeure de la rendre, mais à partir du jour de l'échéance du terme et de plein droit. C'est, ce nous semble, le seul moyen de donner une utilité à notre article.

C'est vraiment faire de la chose un usage contraire à la convention que de s'en servir quand on pourrait employer la sienne. Dans ce cas donc, comme dans le précédent, l'emprunteur répondra du cas fortuit ; il en répondra aussi s'il ne sauve pas la chose prêtée de préférence à la sienne propre. Ici il doit donc être plus qu'un bon père de famille, il doit être un débiteur reconnaissant ; mais la loi ne le punit pas en lui imposant ce devoir, car nous pensons qu'elle lui donne par l'art. 1890 le moyen de se faire indemniser du préjudice qu'il a pu éprouver en sacrifiant sa chose à celle de son prêteur, si cette dernière avait un prix inférieur à celui de l'autre.

2° Il ne doit pas retenir la chose en compensation de ce que le prêteur lui doit ; il ne doit la retenir ni à titre de nantissement, ni sous le prétexte d'un droit de rétention à raison des créances nées pour la conservation de la chose, ni dans le cas où, condamné pour avoir laissé périr la chose, ce ne serait plus elle, mais son prix et des dommages-intérêts, qu'il devrait au débiteur.

Partout et toujours l'obligation de restituer pèse sur lui. Il ne doit l'éluder sous aucun prétexte, et il la supporte pour le tout s'il a emprunté conjointement avec d'autres.

Passons maintenant aux obligations du prêteur.

Il en est une qui semble tout d'abord ôter au prêt à usage son caractère de contrat unilatéral : c'est celle de ne reprendre la chose prêtée qu'après le terme convenu.

Mais l'intention commune des parties l'explique naturellement ; d'ailleurs elle cède devant le besoin urgent et impérieux du prêteur : ce sera au juge d'apprécier.

Le prêteur doit aussi rembourser à l'emprunteur les dépenses que celui-ci a faites pour la conservation de la chose prêtée, mais à la condition qu'elles soient extraordinaires, nécessaires, tellement urgentes, que l'emprunteur n'ait pas eu le temps de l'avertir. Ajoutons, à ce propos, que le remboursement de ces dépenses est garanti à l'emprunteur par un privilége sur le prix de la chose conservée, mais non par un droit de rétention, comme il l'est, dans le même cas, au dépositaire. Les raisons de droit sont nombreuses pour bannir, sur ce point, la théorie romaine de notre législation.

Enfin il doit avertir l'emprunteur des vices de la chose prêtée, s'il les connaît ; s'il ne le fait pas, et que l'emprunteur en éprouve un préjudice, il doit à celui-ci des dommages-intérêts. On peut dire encore ce que disait Ulpien : *Adjuvari quippe nos, non decipi beneficio oportet.*

Mais, quelles que soient ces obligations incidentes, le prêteur n'en est pas moins l'unique créancier en matière de prêt à usage. A ce titre, il a deux actions : une action personnelle contre l'emprunteur, dont la prescription est de trente ans ; une action en revendication de la chose contre tout détenteur, action imprescriptible.

Ne finissons pas cette matière sans dire que nous puiserons les règles relatives à la restitution de la chose au titre *Du dépôt*, art. 1937 et 1941, pour ce qui regarde la personne à qui la chose prêtée devra être remise ; aux art. 1247 et 1248, pour ce qui regarde le lieu et les frais de cette remise.

Du prêt de consommation ou simple prêt.

Nous avons déjà vu que ce qui sépare ce contrat du commodat, c'est que dans l'un la tradition de la chose en rend l'emprunteur débiteur, dans l'autre propriétaire.

De là il résulte : 1° que, si le prêt de consommation est naturellement gratuit (grâce au scrupule du Code, qui n'a pas voulu faire du prêt à intérêt un contrat à part, la gratuité n'est pas de l'essence du prêt de consommation), il n'est pas toujours, comme le commodat, un contrat réel. En effet, si, nonobstant l'art. 1894, on me donne en prêt de consommation un bœuf, un animal quelconque, il est bien évident que le contrat sera consensuel, c'est-à-dire que la translation de propriété aura lieu par le seul consentement des parties ; or, c'est précisément la translation de propriété avec obligation de rendre qui constitue le contrat. Au contraire, si on me donne en prêt de consommation une chose non déterminée individuellement, de l'argent, par exemple, le contrat sera réel : car c'est par la tradition que je deviendrai propriétaire, c'est par la tradition que je serai obligé de rendre ; c'est, par conséquent, *re* que le contrat aura été formé ;

2° Que la chose, au lieu d'être aux risques du prêteur, est aux risques de l'emprunteur ;

3° Que le prêteur est garant non seulement des vices connus de la chose, mais même de ses vices cachés et de l'éviction ;

4° Que le prêteur, ayant perdu son droit de propriété, ne peut, bien entendu, jouir du bénéfice de l'art. 1859, et arguer d'un besoin urgent pour se faire rendre avant le terme convenu la chose prêtée.

5° Que le droit de l'emprunteur passe à ses héritiers, puisque c'est la propriété même de la chose; remarque importante en ce qu'elle distingue le prêt de consommation du quasi-usufruit.

L'emprunteur, dans le prêt de consommation comme dans le prêt à usage, contracte une seule obligation, celle de rendre; mais ici, cela va de soi, cette obligation n'a pas pour conséquence celle de conserver. Que restituera-t-il? Non la chose prêtée, mais une chose de même espèce, qualité et quantité. Notons, en passant, que l'art. 1897 dit qu'il ne devra jamais que cela, quelle que soit la différence entre la *valeur* de la chose prêtée au moment du contrat et sa valeur au jour du remboursement; ajoutons cette différence à celles qui séparent le prêt de consommation du quasi-usufruit (587). Enfin n'oublions ni l'art. 1895, qui, en matière de prêt d'argent, dispense même l'emprunteur de rendre les mêmes espèces, ni l'art. 1903, qui, dans le cas où la restitution est impossible, autorise l'emprunteur à restituer la valeur de la chose prêtée, eu égard au lieu et au temps où la chose devait être rendue, s'il y avait un terme de remboursement, et, s'il n'y en avait pas, au prix du temps et du lieu où l'emprunt a été fait.

Quand l'emprunteur restituera-t-il? A l'époque convenue, s'il y a terme fixé, à la première réquisition du prêteur, s'il n'y en a pas; dans tous les cas, avec le tempérament de l'art. 1244, qui permet au juge de lui accorder un délai, et de l'art. 1901, qui autorise la clause par laquelle on convient que l'emprunteur paiera quand il le pourra.

Où restituera-t-il? Au domicile du créancier, qui ne lui paiera pour tous droits de remise que le droit appelé *passe des sacs*.

A qui restituera-t-il? A l'emprunteur ou à ses héritiers.

Une dernière question. Si le prêt a été fait *a non domino*, qu'arrivera-t-il?

L'emprunteur n'a pas acquis la propriété, car le prêteur n'a pu lui transmettre plus de droits qu'il n'en avait lui-même. Je sais bien que l'emprunteur pourra, s'il est de bonne foi, opposer à l'action du véritable propriétaire la maxime qu'*en fait de meubles possession vaut titre*. Mais d'abord la chose peut avoir été volée ou perdue, et, dès lors, la puissance de cette maxime se trouver restreinte; ensuite l'art. 2279 est une prescription, et, par conséquent, l'emprunteur peut répugner à l'invoquer. Si donc la chose vient à périr par cas fortuit avant que l'emprunteur en ait retiré aucune espèce d'utilité, n'ayant jamais été propriétaire, il ne sera pas tenu à restitution; si, au contraire, il l'a consommée, il sera obligé de restituer, car, dans ce cas, il a eu, en fait, tous les avantages de la propriété.

Dans cette hypothèse donc, à qui fera-t-il la restitution?

Il pourra se libérer en payant entre les mains du véritable propriétaire; mais si le prêteur exerce contre lui une action personnelle, nous pensons que, malgré le vice du titre du prêteur sur la chose, l'emprunteur ne pourra conclure à ce que son action soit déclarée non recevable. En effet, il y a une relation de droit entre lui et le prêteur, celle qu'a créée le contrat; cette relation existe seulement entre ces deux personnes, et elle existe que le prêteur soit ou non le véritable propriétaire.

Enfin, quelle sera la sanction de cette obligation de restitution? Des dommages-intérêts qui, suivant le principe de l'art. 1153, seront ici l'intérêt légal de la somme ou valeur due, et qui ne courront que du jour de la demande en justice.

Ceci est la transition naturelle du chap. II au chap. III, intitulé:

Du prêt à intérêt.

Revenons un instant en arrière, et comparons le commodat au louage.

Entre ces deux contrats, il y a la différence du prix. Le commodat est gratuit, le louage est intéressé. Ajoutez le prix au commodat, vous en faites le louage; mais tous deux sont parfaitement licites.

Prenons maintenant le *mutuum* et ajoutez-y le prix; vous en faites aussi un contrat nouveau, le prêt à intérêt, le *fœnus* des Romains.

Dans l'un et dans l'autre cas, l'élément nouveau, le prix, sort du jeu naturel de l'intelligence humaine. Le bailleur demande au preneur un prix pour s'indemniser de la perte de sa possession; le prêteur, un prix à l'emprunteur pour s'indemniser de la privation de son capital et des chances de non-paiement. Dans l'un et dans l'autre cas, c'est une simple exploitation de la propriété. La pierre et le bois élevés en maison deviennent productifs par le louage; l'argent devient productif par l'intérêt. Dans l'un et dans l'autre cas, l'opération s'accorde avec la loi naturelle, puisqu'elle se retrouve chez tous les peuples et à toutes les époques, avec la loi civile qui partout met les contrats commutatifs au nombre des plus importants et des plus respectables.

Telles sont les principales raisons qui ont fait admettre dans le Code le prêt à intérêt, que les législateurs précédents n'avaient pas su distinguer des brutalités de l'usure.

Permis dans toutes les civilisations antiques, limité par la législation impériale depuis Constantin, anathématisé au moyen âge, interdit en France, dès Philippe le Bel, sous les peines les plus sévères, l'intérêt est donc aujourd'hui le prix naturel et licite de l'aliénation que le prêteur fait de son capital à son emprunteur.

Cette révolution qu'avait consommée le décret du 12 oct. 1789 fut régularisée par la loi du 3 sept. 1807, laquelle, par un retour aux idées du droit impérial, investi l'état du droit de limiter le taux de l'intérêt et le fixe à cinq pour cent en matière civile, six en matière commerciale. — Tout intérêt supérieur à celui-là est illicite et doit être imputé sur le capital ; s'il le dépasse, être restitué, et s'il y a habitude d'usure, donner lieu à l'application de peines correctionnelles sévères.

Tel est l'ensemble de la loi de 1807. Combinons-la avec les art. 1905 et suivants.

La stipulation d'intérêts est permise, qu'il s'agisse de denrées, d'argent ou de toute autre chose mobilière. S'il s'agit d'un prêt de denrées, nous restons sur le terrain du Code ; elle peut dépasser le taux légal, et par conséquent doit être faite par écrit ; s'il s'agit d'un prêt d'argent, elle n'a pas besoin d'être constatée par écrit, car cette nécessité d'une énonciation écrite avait pour but unique de mettre le frein du respect humain à la cupidité des prêteurs, et ce frein est aujourd'hui la loi de 1807. Donc quand l'intérêt ne dépassera pas le taux légal, il faudra s'en tenir aux règles ordinaires sur la preuve des obligations. S'il le dépasse, les termes larges de l'art. 3 de la loi de 1807 nous font penser que, quelle que soit la somme prêtée, la preuve testimoniale sera admise.

Autant le législateur poursuit sévèrement l'usure, autant il trouve la stipulation d'intérêts naturelle et juste ; en effet, il déclare que le paiement d'intérêts non stipulés n'est pas réputé fait indûment, et ne donne pas lieu par conséquent à imputation sur le capital. De même, comme l'art. 1254 porte que le créancier a toujours le droit d'exiger le paiement des intérêts avant celui du capital, la quittance de l'un emporte celle des autres.

Telles sont les dispositions fort courtes du Code sur le prêt à intérêt. Il en résulte qu'on ne peut se faire une idée bien nette de ce contrat. Il ressemble au louage, à la vente, au prêt, sans être ni le louage, ni la vente, ni même le prêt, quoi qu'en dise la rubrique de notre chapitre.

Nous arrivons à la constitution de rente, pour laquelle une bonne classification aurait fait dans le Code un chapitre à part. Les art. 1909-1914 sont au titre *Du prêt;* mais on peut se demander ce qu'il reste du prêt dans un contrat où l'emprunteur n'est plus obligé de rendre.

Quoi qu'il en soit, la constitution de rente date des premiers efforts de la propriété mobilière contre la tyrannie des doctrines canoniques sur l'usure, c'est-à-dire des premiers siècles du moyen âge. Très usitées par cela même jusqu'en 89, elles le sont devenues moins depuis, mais ont conservé dans notre Code la plupart des règles qui dominaient ce que l'ancien droit appelait les rentes constituées. Qu'était-ce donc que les rentes constituées et les rentes foncières ou réservées ?

La rente foncière était un droit réel sur un immeuble que se *réservait* l'aliénateur de cet immeuble, et qui, le suivant en quelque main qu'il passât, forçait les nouveaux acquéreurs à payer les arrérages convenus ou à déguerpir. Elle n'était donc pas rachetable.

La rente constituée était un droit personnel, une simple créance d'arrérages considérée comme le prix de l'aliénation du capital. Elle était essentiellement rachetable.

La révolution a aboli les rentes foncières. Il n'y a donc aujourd'hui que des rentes constituées, en ce sens que toute rente est une simple créance d'arrérages; seulement la créance peut être achetée ou moyennant un capital mobilier, ou moyennant un immeuble, et la différence dans le prix de la vente entraîne des différences dans ses conditions et dans ses effets. De là l'art. 530, d'une part, pour régler les rentes constituées moyennant l'aliénation d'un immeuble, les art. 1909 et suivants pour régler les autres. Arrêtons-nous à ceux-ci.

Comment la rente sera-t-elle constituée? A titre onéreux, et c'est alors seulement qu'elle aura quelque analogie avec le prêt, ou à titre gratuit, par donation et testament.

Pour quel temps? Pour tout le temps qu'il conviendra au débiteur de payer les arrérages. Le Code a donc conservé le principe fondamental de l'ancien droit que la rente constituée est essentiellement rachetable; seulement, pour améliorer la position du créancier et ne pas le soumettre absolument au caprice du débiteur, il a déclaré que, par une clause spéciale, les parties pourraient convenir que la rente cesserait d'être rachetable pendant un délai qui ne peut excéder dix ans, et qui est ramené à ce terme s'il l'excède (1660).

On comprend donc l'utilité de la constitution de rente dans l'ancien droit, quand elle était le seul moyen licite de faire valoir l'argent; mais, aujourd'hui que le prêt à intérêt est permis et que la rente doit toujours rester dans les limites de la loi de 1807, que, de plus, il est permis dans le prêt d'éloigner le remboursement jusqu'à trente ou quarante années, tandis que la même stipulation est défendue dans la constitution de rente, on comprend aussi que ce contrat ne soit vraiment usité qu'entre l'état et les particuliers.

Nous avons déjà dit que la constitution de rente est un prêt, moins l'obligation de rendre. Le capital dont le débiteur de la rente paie les arrérages est donc inexigible. Mais à ce principe il faut apporter le tempérament des art. 1912 et 1913. Si le débiteur n'accomplit pas ses obligations, la vente que le créancier a faite de son capital n'a plus de cause: elle doit donc être résolue. D'où il suit qu'il est autorisé à redemander son capital : 1° si le débiteur est en retard de deux années d'arrérages; 2° s'il ne fournit pas les sûretés promises ou les diminue; 3° s'il tombe en faillite ou en déconfiture. Dans tous ces cas, nous pensons que l'article 1184 est applicable à la résolution du contrat de rente; que, dès lors, la demande en résolution devra être faite en justice, et que le juge, tout en pouvant, aux termes de l'art. 1244, accorder un délai pour le paiement des arrérages, devra toujours la prononcer, même si, pendant ce délai, le débiteur vient à remplir ses obligations. C'est un point de contact de plus à faire remarquer entre la vente et la constitution de rente.

Il nous resterait à dire quelques mots sur la rente constituée moyennant un immeuble. Les principes qui la régissent s'éloignent de plus en plus de ceux du prêt. Nous pourrions aussi jeter un coup d'œil sur la matière des rentes viagères; mais ce sont là deux opérations particulières qui n'ont pour ainsi dire de commun avec celle qui nous occupe que le nom. Bornons-nous donc au sujet qui nous est échu en partage, et de ces imperfections de notre langue juridique concluons non que notre loi est mal faite, mais qu'elle veut être étudiée avec patience et méditée sans relâche.

POSITIONS.

I. Le droit du preneur d'immeubles est un droit personnel.

II. L'art. 1715 donne au juge le droit de déférer dans tous les cas, et même en l'absence des conditions requises par l'art. 1367, le serment supplétoire à celui qui nie le bail.

III. La cession de bail, sans autre clause explicative, est la sous-location de la totalité de la chose louée, et non la vente de la créance du preneur contre le bailleur.

IV. La défense de sous-louer entraîne celle de prêter à usage la chose louée.

V. Dans le cas d'incendie, le bailleur seul peut invoquer l'art. 1733 et mettre la preuve à la charge du locataire.

VI. Si la faculté d'expulsion a été stipulée au bail, l'acquéreur peut seul l'invoquer, et il ne peut être forcé par le preneur à en user.

VII. Le fermier a le droit de chasse, à moins qu'il ne lui ait été expressément retiré par le bail.

VIII. Dans le cas de l'art. 1769, une récolte abondante ne peut compenser une récolte postérieure que déduction faite des déficits inférieurs à un vingtième des années précédentes.

IX. Le commodataire qui a sauvé la chose prêtée, de préférence à la sienne, peut se faire indemniser par le commodant si le prix de la sienne est supérieur à celui de l'autre.

X. Le commodataire n'a pas le droit de rétention pour ses impenses.

XI. L'action personnelle du prêt peut être exercée par celui qui n'était pas le véritable propriétaire de la chose prêtée lorsque celle-ci a été consommée.

XII. La faculté de rachat ne se divise pas entre les héritiers du débiteur de la rente.

Vu par le Président de la Thèse,
ROYER-COLLARD.

Vu par le Doyen,
PELLAT.

4463 — Paris, imprimerie Guiraudet et Jouaust, rue Saint-Honoré, 338.

www.ingramcontent.com/pod-product-compliance
Lightning Source LLC
Chambersburg PA
CBHW070756220326